CCC 새친구교재

질문 있어요

교재 길라잡이

1. 예수님과 성경에 대해 더 알기 원하는 “새친구”들을 위한 교재이다.

2. 성경은 『쉬운성경』을 사용했으며 보라색으로 넣었다.

3. 보라색 테두리 상자 는 본문에 대한 보충설명이다.

4. 본문은 네 가지 영역으로 구성된다.

들어가기: 각 과의 주제에 대한 도입 질문이다.

생각해보기: 각 과의 주제를 더 깊이 생각해볼 수 있도록 돕는 내용이다.

끝내기: 각 과의 내용을 정리하고 그 내용을 적용하는 질문이 나온다.

읽을거리: 각 과에서 배운 내용을 더 잘 이해할 수 있게 하는 글이다.

목차

질문있어요

01

누가 나를 알아줄까?

들어가기 ▶▶▶

1. 당신의 SNS에 평생 동안 딱 한 장의 사진만 올려야 한다면 당신은 어떤 사진을 올리고 싶은가요?

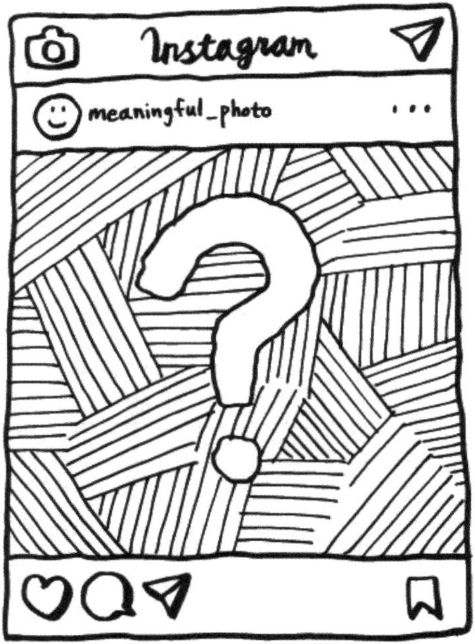

2. 왜 그 사진을 올리고 싶은가요? 그 사진이 당신에게 어떤 의미가 있나요?

3. 당신이 어떤 것을 의미 있다고 말하는 것은 당신이 그것을 가치 있게 여긴다는 말일 것입니다. 당신이 가장 가치 있게 여기는 것은 무엇인가요?

생각해보기 ▶▶▶

1. 당신의 주변 사람들이 의미 있고 가치 있게 여기는 것들은 무엇인가요?

사람들은 왜 그것들을 가치 있게 여길까요?

2. 사람들은 높은 지위에 있거나 돈이 많고 학벌과 외모와 능력이 뛰어나면 자신이 다른 사람보다 더 가치 있다고 생각합니다. 왜 그렇게 생각할까요?

사람들은 외모나 능력과 같은 기준으로 사람들을 비교하여 가치를 정합니다. 당신이 잘 생기거나 능력이 있어서 훌륭한 일을 했을 때 당신은 사람들의 인정을 받고 얼마 동안은 만족감을 누리고 가치 있는 사람이라고 느낄 수 있습니다. 하지만 이런 면에서 당신보다 더 나은 사람이 나타나게 되면 당신의 가치는 사라지는 것처럼 보입니다. 이런 기준과 비교에서 벗어날 수는 없을까요?

3. 누군가 당신을 있는 모습 그대로 인정하고 가치 있게 여긴다면 어떤 마음이 들까요? 당신을 있는 모습 그대로 가치 있게 여기는 사람이 있나요?

하나님의 형상을 가진 특별한 존재

사람이 정하는 의미와 가치는 유한하고 변할 수 있으며 조건적입니다. 당신이 가진 것들의 가치가 없어지면 사람들은 당신을 가치 없는 존재로 여길 수도 있습니다. 그러나 변함없이 당신을 소중하고 가치 있게 받아주는 존재가 있다면 얼마나 좋을까요?

그런 분이 있습니다! 그분은 하나님이십니다.
하나님은 당신의 모습 그대로 받아주십니다.
왜 하나님은 당신을 있는 모습 그대로 소중하고 가치 있게 받아주실까요?
그 이유는 하나님이 당신을 하나님의 형상을 가진 특별한 존재로 만들었기 때문입니다. 성경은 이에 대해 다음과 같이 말합니다.

> "그래서 하나님께서 하나님의 형상대로 사람을 창조하시되, 남자와 여자를 만드셨습니다." (창세기 1:27)

하나님의 형상으로 만들어졌다는 것은 사람이 동물과 달리 이성, 감성, 도덕성, 영성, 자유의지를 가진 인격적 존재라는 의미입니다. 따라서 사람은 하나님과 대화를 나누고 교제할 수 있으며 하나님의 뜻을 알고 따를 수 있습니다.

또한 하나님은 다른 피조물들과 다르게 사람을 특별한 방법으로 창조하셨습니다.

> "그 때, 여호와 하나님께서 땅의 흙으로 사람을 지으셨습니다. 그리고 사람의 코에 생명의 숨을 불어 넣으시니, 사람이 생명체가 되었습니다." (창세기 2:7)

하나님이 다른 피조물들을 지으실 때는 '바다에는 물고기들이, 하늘에는 새들이, 땅에는 짐승들이 만들어져라'고 말씀하심으로 만드셨습니다(창세기 1:20, 24). 그러나 하나님이 사람을 만드실 때는 흙으로 사람을 지으시고 코에 숨을 불어 넣으시는 특별한 방법으로 창조하셨습니다. 이는 사람이 하나님의 생명의 호흡을 받은 귀한 존재임을 나타냅니다. 이러한 창조 방법은 하나님께서 당신을 사랑하시며 당신을 가치 있고 소중하게 여기신다는 것을 말해줍니다.

다음에 나오는 "집 나간 아들 이야기"는 하나님이 당신을 얼마나 사랑하고 소중하게 여기시는지를 말해주는 예수님의 비유입니다.

집 나간 아들 이야기 (누가복음 15:11~24)

어떤 사람에게 두 아들이 있었다. 어느 날 작은 아들이 아버지에게 말했다.
"아버지, 제가 받을 유산을 미리 주십시오."
그러자 아버지는 재산을 나누어 작은 아들에게 주었다. 며칠 뒤에 작은 아들은 자기의 모든 재산을 가지고 먼 곳으로 떠나버렸다. 거기서 그는 방탕한 생활을 하며 재산을 다 탕진했다. 그가 빈털터리가 되었을 때 마침 그 마을에 큰 흉년이 들어 형편이 더 어려워졌다. 그는 그 마을에 사는 어떤 사람의 집에서 돼지 치는 일을 하며 얹혀 살았다. 그는 배가 고파서 돼지가 먹는 쥐엄나무 열매라도 먹고 싶었지만 그것마저 주는 사람이 없었다.

그때 비로소 그는 후회하며 말했다.

"내 아버지의 일꾼들에게는 양식이 풍족하여 먹고도 남는데 나는 여기서 굶어 죽는구나. 이제 아버지께 돌아가야겠다."

그는 지친 몸을 이끌고 아버지의 집으로 향했다. 그가 아직 먼 거리에 있는데, 아버지가 그를 보고 달려가 그를 끌어안고 입을 맞추었다. 아들이 아버지에게 말했다.

"아버지, 저는 하나님과 아버지께 죄를 지었습니다. 저는 아버지의 아들이 될 자격이 없습니다. 저를 일꾼으로 삼아주십시오."

그러나 아버지는 종들에게 말했다.

"가장 좋은 옷을 가져와서 아들에게 입혀라. 또 손가락에 반지를 끼워 주고 발에 신발을 신겨라. 그리고 살진 송아지를 잡아라. 우리가 함께 먹고 즐기자. 내 아들이 죽었다가 다시 살아났고, 잃어버렸다가 다시 찾았구나."

그들은 잔치를 벌여 먹고 마시며 함께 즐거워했다.

4. 예수님이 하신 이 비유에서 아버지는 하나님을, 아들은 사람을 나타냅니다. 이 이야기에서는 하나님이 사람을 가치 있고 소중하게 여기시는 것을 어떻게 표현하고 있나요?

아버지가 자녀의 가치를 성공이나 업적으로 결정하지 않는 것처럼 하나님도 외모, 능력, 성취 등의 외적 조건에 상관없이 그분의 자녀를 사랑하며 소중하게 여기십니다. 그리고 그분의 자녀가 행복하고 만족하게 살아가도록 자녀에게 필요한 모든 것을 주십니다.

하지만 아버지를 버리고 집을 떠난 작은 아들처럼 사람은 죄를 지어 하나님과의 교제가 끊어졌고, 더 이상 행복하고 의미 있는 삶을 살 수 없게 되었습니다. 하나님과의 교제를 회복하기 위해서는 죄를 회개하고 하나님께 나아가야 합니다.

우리의 죄를 해결하고 하나님께 나아갈 수 있는 길을 열기 위해 예수님이 십자가에서 죽으셨습니다. 우리는 예수님을 통해서 하나님께 나아갈 수 있습니다. 하나님께 나아가는 것은 예수님을 영접하는 것입니다.

끝내기 ▶▶▶

하나님은 당신을 있는 모습 그대로 의미 있고 가치 있게 보시며 사랑하십니다.
이 사실을 받아들일 때 당신은 세상의 기준과 비교로부터
자유로워지고 당신의 진정한 가치를 발견할 수 있습니다.
하나님의 사랑을 더 알기 원하십니까?

믿음으로 장애를 극복한 강영우 박사

고(故) 강영우 박사(1944~2012)는 한국 시각장애인 중 최초로 미국으로 유학을 가서 교육학 박사학위까지 받았다. 그리고 조지 W. 부시 대통령의 재임기간(2001~2009) 동안 미국 국무부 국가장애위원회 정책차관보를 역임했다. 그가 이런 일을 이룰 수 있었던 것은 믿음으로 장애를 극복했기 때문이다.

그는 14살 때 눈에 축구공을 맞는 사고로 시력을 잃게 되었다. 아버지는 그 사고가 있기 얼마 전에 돌아가셨고, 어머니도 아들이 시력을 회복할 수 없다는 소식을 듣고 충격을 받아 돌아가셨다. 그의 누나마저도 동생들을 돌보기 위해 밤낮으로 일하다가 과로로 세상을 떠나서 그와 남은 동생들은 뿔뿔이 흩어져야 했다. 그는 삶에 아무런 희망이 없을 뿐 아니라 시각장애인으로 사는 것이 다른 사람에게 부담이 될까봐 자살을 시도한 적도 있었다.

그러나 어려서부터 교회에 다니던 그는 기도하던 중에 시각장애인인 자신에게도 하나님의 목적과 계획이 있다는 것을 알게 되었다. 지금은 사람들의 도움을 받고 살지만 나중에 전문인이 되어 사람들을 섬기며 하나님께 영광을 돌리는 것이 하나님이 그에게 주신 삶의 목적이라고 믿었다. 이 목적을 이룰 수 있도록 하나님이 도와주실 것이라고 믿고 그는 도전하기 시작했다. 당시 한국에서 시각장애인은 대학이나 유학 시

험에 응시조차 할 수 없었다. 하지만 그는 믿음으로 불가능한 일에 도전했고 그 결과 연세대학교를 우수한 성적으로 졸업하고 미국으로 유학을 가서 교육학 공부를 마칠 수 있었다.

그는 자신의 장애 때문에 처음에는 불행했고 절망적이었지만 결국 그 장애가 축복의 통로가 되었다고 고백한다. 그의 이야기는 강연과 책을 통해 절망 가운데 있는 많은 사람들에게 희망의 빛을 주었다. 또한 그의 자녀들에게도 많은 영향을 주었다. 그의 큰 아들은 아버지의 눈을 고치기 위해 안과 전문의가 되었고, 작은 아들은 아버지의 연설문 작성을 돕다가 글을 논리적으로 잘 쓰게 되어 변호사가 되었다. 그 아들은 미국 상원의원의 최연소 고문 변호사로 활동했고 백악관 법률 특별보좌관으로서 아버지 강영우 박사를 이어 미국 대통령을 보좌했다.

강영우 박사가 시력을 잃었을 때 자신뿐 아니라 주위 사람도 그가 아무것도 할 수 없을 것이라고 생각했다. 하지만 하나님에 대한 견고한 믿음은 자신의 고난을 새로운 시각으로 보게 했고, 믿음으로 도전하게 했으며, 결국 많은 사람을 섬기는 축복의 통로가 되게 했다.

이 글은 고(故) 강영우 박사의 영상과 그와 관련된 기사를 참고하여 요약한 것이다.

질문있어요

02

이 공허함은
뭐지?

들어가기 ▶▶▶

1. 아래의 질문들은 "삶의 만족도 테스트"입니다. 당신이 자신의 삶에 얼마나 만족하는지를 알아볼 수 있습니다. 당신에게 해당되는 숫자에 표시한 후 모두 더해 주세요.

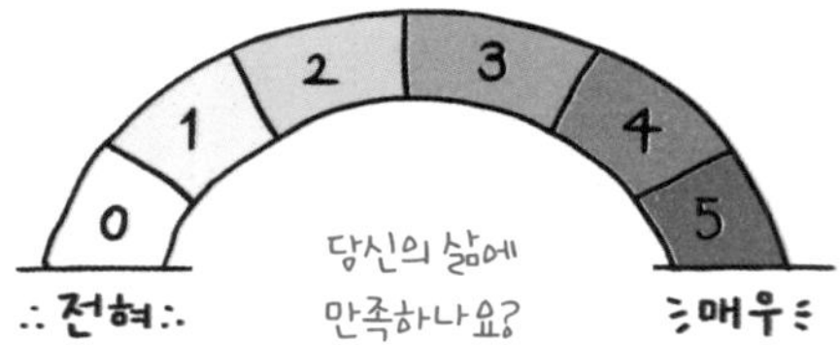

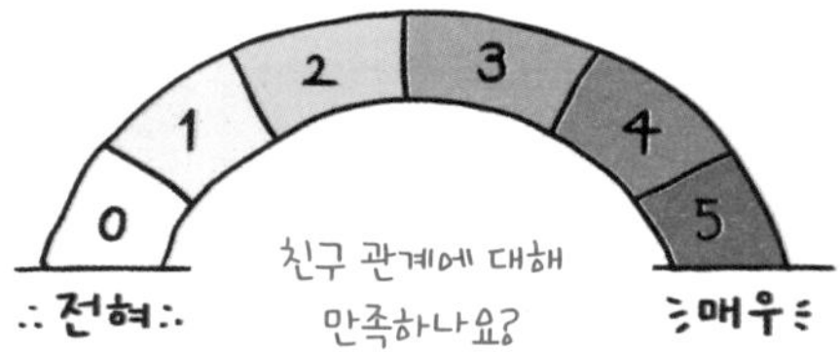

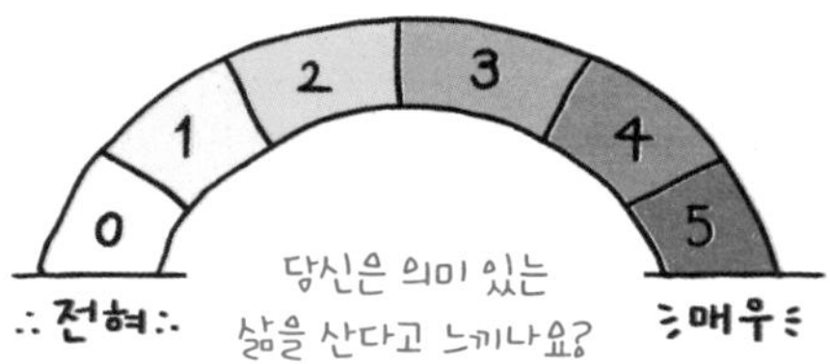

0
1
2
3
4
5
전혀
당신은 지금
평안함을 느끼나요?
매우

0
1
2
3
4
5
전혀
당신은 지금
즐거움을 느끼나요?
매우

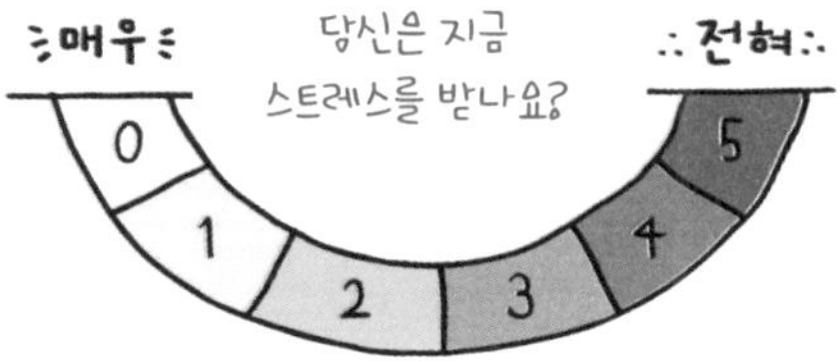
매우
당신은 지금
스트레스를 받나요?
전혀
0
1
2
3
4
5

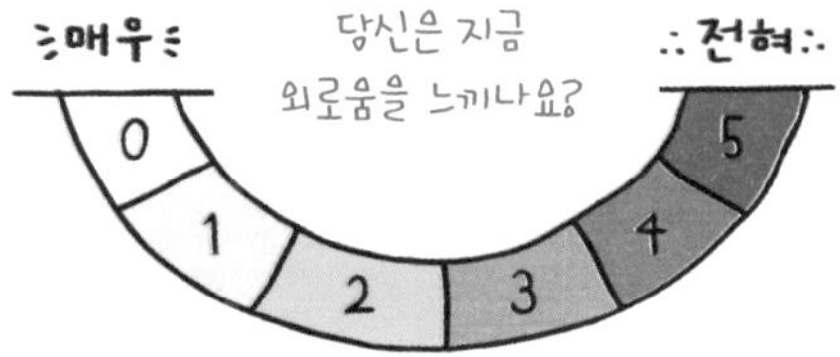
매우
당신은 지금
외로움을 느끼나요?
전혀
0
1
2
3
4
5

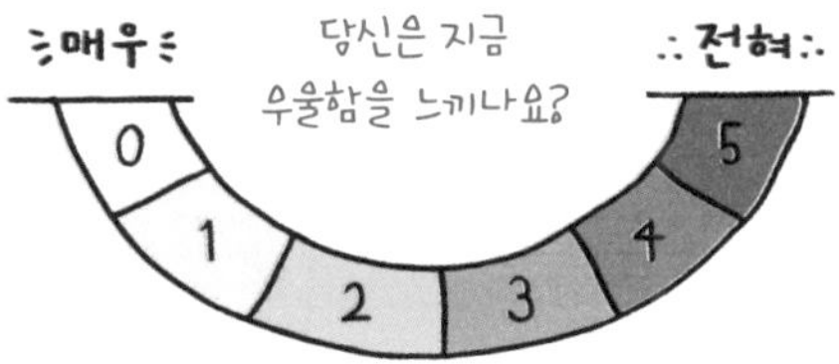
매우
당신은 지금
우울함을 느끼나요?
전혀
0
1
2
3
4
5

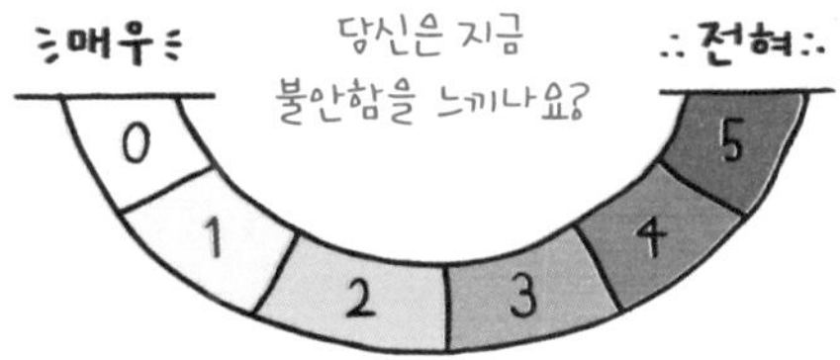
매우
당신은 지금
불안함을 느끼나요?
전혀
0
1
2
3
4
5

2. 당신의 만족도는 몇 점인가요?

당신의 총점은?

0-20점 아~ 해결하기 힘든 문제들이 있네요.

1-40점 삶의 변화가 필요한 시점이네요.

41-50점 나름 만족한 삶을 살고 있네요.

51-60점 와~ 날마다 멋진 날이에요!

• 41점 이상인 경우

당신은 실제로 당신의 삶에 만족하고 있나요? 당신이 특별히 만족하지 못하는 영역은 무엇인가요?

• 40점 이하인 경우

당신의 삶에 만족하지 못한다면 그 이유는 무엇이라고 생각하나요?

생각해보기 ▶▶▶

1. 당신은 마음이 공허하거나 허무함을 느낄 때 무엇으로 달래려고 하나요?

해당되는 것들에 체크해 보세요.

음식 술 담배 게임 쇼핑 성형 연애 SNS
영화 스포츠 여행 수집 친구 TV
기타 ( )

2. 당신의 공허함을 달래줄 것이라고 여겼던 것들이 당신에게 실제로 만족을 주었나요?

3. 사람들이 여러 가지 방법으로 행복과 만족을 추구하지만 끊임없이 허무함과 결핍감을 느끼는 이유는 무엇일까요?

죄는 무엇인가요?

하나님은 사람을 하나님의 형상을 가진 존재로 만드셔서 하나님과 대화하며 교제할 수 있게 하셨습니다. 또한 사람을 사랑하시며 소중하게 여기셔서 행복하고 만족하게 살아가도록 필요한 모든 것을 주셨습니다.
그러나 사람이 하나님을 떠나 자기 마음대로 살려고 했기 때문에 하나님과의 관계가 끊어져 버렸습니다. 성경은 이것을 죄라고 말합니다. 콘센트에서 플러그를 빼보십시오. 전류의 흐름은 곧 끊어지고 맙니다. 성경은 이와 같은 일이 사람에게 일어났다고 말합니다.
사람은 하나님과 분리되어 참된 행복과 만족을 누리지 못하고 도둑질, 폭행, 간음, 살인 등의 죄를 지을 뿐만 아니라 욕구 불만, 결핍감, 허무함, 삶의 무목적, 불안, 염려, 우울, 죽음의 공포 등이 생기게 되었습니다. 이것은 하나님과 분리됨으로 나타나는 죄의 결과입니다.

성경은 모든 사람이 하나님과 분리된 죄인이라고 말합니다.

"제 아무리 의롭다 해도, 죄 짓지 않는 사람은 없다." (전도서 7:20)

"성경에 이렇게 기록되어 있습니다. 의인은 한 사람도 없다." (로마서 3:10)

만족을 추구하는 인간의 삶은 욕구 ⇒ 목표 설정 ⇒ 성취 ⇒ 만족이라는 순환 구조를 벗어날 수가 없습니다. 그러나 성경은 이 순환에서 벗어나 궁극적인 만족을 얻을 수 있는 길이 있다고 말합니다.

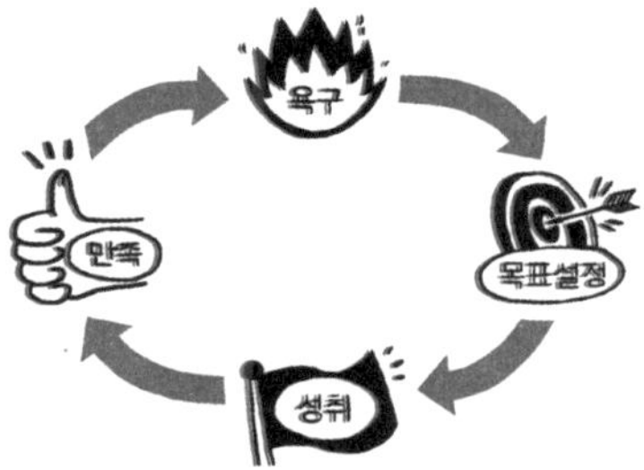

4. 위의 글 "죄는 무엇인가요?"에 의하면, 인간의 허무함과 결핍감의 문제를 어떻게 해결할 수 있다고 말하나요?

어떻게 사람의 죄를 해결할 수 있을까요?

성경은 죄의 대가는 죽음이라고 말합니다(로마서 6:23). 죄를 지은 인간이 죄에 대한 값을 치르기 위해서는 죽어야만 합니다. 그러나 예수님이 십자가에 죽으심으로 사람의 죗값을 대신 치르셨습니다. 사람이 죽지 않고 생명을 얻을 수 있는 길이 열린 것입니다. 이제 예수님을 믿으면 죄를 용서받고 하나님과의 관계를 회복할 수 있습니다. 이것을 '구원받았다'고 합니다.

그렇다면 예수님이 사람의 죗값을 치를 수 있었던 이유는 무엇일까요?

죄가 없는 사람만이 죄에 대한 대가를 치를 수 있습니다. 예수님은 죄가 없는 분이므로 우리의 죄를 위해 대신 죽을 수 있었습니다.

예수님이 죄가 없는 이유는 단순히 한 인간이 아니라 하나님의 아들이기 때문입니다. 그는 자신이 죄가 없다고 주장했으며 다른 사람들도 그에게서 죄를 찾지 못했습니다. 그리고 예수님은 죽은 후 삼 일 만에 다시 살아나심으로 자신이 하나님의 아들이며 죄가 없다는 사실을 입증했습니다.

다음은 예수님의 죽으심과 부활에 대한 성경 구절입니다.

> "그런데 그리스도께서는 우리가 아직 죄인이었을 때에 우리를 위해 죽으셨습니다. 이것으로써 하나님께서는 우리를 향한 그분의 사랑을 나타내셨습니다." (로마서 5:8)

> "그러나 성결하게 하는 영으로는 죽은 자들 가운데서 부활하심으로써 능력 있는 하나님의 아들로 선언되셨습니다. 이분이 바로 우리 주 예수 그리스도이십니다." (로마서 1:4)

예수님이 인간의 죗값을 치르시기 위해 죽으시고 부활하셨습니다. 예수님이 내 죗값을 치르셨다는 것을 믿는 사람은 죄 용서를 받고 하나님의 자녀가 됩니다. 죄 문제가 해결되었기 때문에 허무함과 결핍감이 사라지고 평안과 만족을 누리게 됩니다.

오토바이를 훔친 아들

한 고등학생이 동네 오토바이 가게에서 비싼 오토바이를 몰래 훔쳐서 신나게 달렸습니다. 그러나 운전이 서툰 학생은 얼마 가지 않아 넘어졌고 오토바이는 크게 부서졌습니다. 학생은 가게 주인의 신고를 받고 출동한 경찰에게 붙잡혔습니다. 학생의 어머니는 경찰서에 불려왔고 고개를 푹 숙이고 앉아 있는 아들을 보며 마음이 무너졌습니다. 어머니는 곧바로 아들을 위해 주인에게 무릎을 꿇고 용서를 구했습니다. 주인은 법대로 처리하려고 했으나 아들을 위해 울며 매달리는 어머니를 외면할 수 없어서 오토바이 값을 변상 받고 죄를 용서해 주기로 합의했습니다. 어머니는 머리가 땅

에 닿도록 감사하며 오토바이 값을 변상해 주었고 아들은 용서를 받고 경찰서를 나오게 되었습니다. 그 이후 이 학생은 오토바이를 볼 때마다 어머니가 울며 용서를 구하고 오토바이 값을 치른 것을 떠올리며 앞으로 절대로 이런 잘못을 저지르지 않겠다고 결심했습니다.

끝내기 ▶▶▶

부족한 것이 없어 보이는 사람도
누구나 삶의 허무함과 결핍감을 느끼고 있습니다.
사람은 죄의 문제를 해결하지 않으면
허무함과 결핍감을 해결할 수 없고
하나님이 주시는 완전한 만족과 기쁨을 누릴 수 없습니다.
지금 예수 그리스도를 통해 죄의 문제를 해결하고
기쁘고 만족한 삶을 향하여 한 걸음 내딛겠습니까?

역사의 흐름을 바꾼 예수 그리스도

예수 그리스도보다 이 세상에 더 큰 영향을 끼친 사람은 없다. 예수님의 삶과 가르침은 개인의 삶과 사회에 놀라운 변화를 일으켰다. 역사에서 예수님을 빼면 역사는 전혀 다른 이야기가 될 것이다. 지난 2천년 동안 예수님은 인류 역사의 중심이었다.

예수님은 남자나 여자, 노예나 자유인의 차별을 금하고 모든 사람을 귀하게 대하셨다. 그리스도가 전해지는 곳마다 인간의 존엄과 개인의 권리가 존중되고 학교와 병원이 세워지며 아동노동법이 제정되고 노예제도가 폐지되는 등 수많은 변화들이 일어났다. 예수님의 생애와 말씀이 인류 역사에 얼마나 큰 변화를 주었는지 살펴보자.

사회 개혁

예수님은 배고픈 사람을 먹이시고 슬픔과 절망에 빠진 사람을 위로하시고 소외된 사람의 친구가 되셨다. 예수님의 본을 따라 제자들도 사회적으로 어려움에 처한 사람들을 도왔다. 그들은 학교와 고아원을 세웠으며 교도소의 환경 개선을 위해 힘썼다. 또한 가난한 사람들을 구제하고 여성의 지위를 향상시키기 위해 노력했으며 식인 풍습과 사람을 제물로 드리는 잔인한 관습을 폐지하기 위해 힘썼다. 오늘날에도 많은 그리스도인들이 낙태와 안락사를 중단시키고, 아동학대, 마약중독, 알코올중독을 막기 위해 노력하고 있다. 또한 그들은 빈곤, 폭력, 범죄, 자연재해, 음란물, 동성애, 가정의 역기능과 같은 문제의 해결을 위해 함께 힘을 모으고 있다.

의료 활동

예수님은 질병으로 고통 받는 사람들을 불쌍히 여기셔서 수많은 병든 사람들을 고쳐주셨다. 그리스도인들도 예수님을 따라 질병으로 고통 받는 자들을 불쌍히 여기는 마음으로 관심을 가지고 돌보았으며 병원을 세우고 공중 보건교육을 장려하였다. 또한 국제기구인 적십자사를 세워 전쟁 중에도 아군과 적군을 구별하지 않고 부상병을 치료했으며 보건 위생에 힘썼다. 오늘날도 그리스도인들은 국경을 초월한 의료봉사를 통해 그리스도의 사랑을 전하고 있다.

일과 경제 활동의 개혁

예수님의 교훈들은 일과 경제 활동의 분야에도 놀라운 영향을 끼쳤다. 초대교회는 노동은 신성한 것이므로 성실하게 일하라고 가르쳤다. 중세시대 수도원은 영농법을 개선함으로 농작물 수확을 증가시키고 농업을 발전시켜 백성들의 굶주림을 해결해주었다. 또한 교회는 물건에 적절한 가격을 정하고 노동자들에게 임금을 정당하게 지불할 것을 주장했다. 종교개혁은 모든 직업이 하나님으로부터 온 "소명"임을 강조하며 도시의 중산층이 성장하게 함으로 경제 구조에 큰 변화를 가져왔다.

근대에는 요한 웨슬레와 조지 휘필드의 지도 아래 많은 그리스도인들이 일터를 개선하기 위해 노력했다. 그들은 광산이나 공장에서 여자들과 어린이들을 보호하는 법률을 만들기 위해서 힘썼고, 강제 노역을 반대하고 어린이의 노동제한법이 제정되도록 도왔으며, 노동조합이 구성되도록 힘썼다. 오늘날에도 세계적인 치즈 회사를 만든 크라프트(J. L. Kraft)와 미국 전역에 백화점을 세운 패니(J. C. Penney)와 같은 경건한 그리스도인들은 성경적 원칙에 근거하여 노동자들에게 적절한 임금과 좋은 근로 환경을 만들어주기 위해 최선을 다하고 있다.

법과 행정

기독교의 원리들은 국가의 법과 정부의 행정에도 중요한 영향을 미쳤다. 초대교회 때부터 그리스도인들은 사회 속에서 정의를 추구했다. 기독교 정치인들은 고아, 과부, 가난한 자들을 위해 일했으며 비도덕적이고 불평등한 제도를 폐지하기 위해 힘썼다. 영국의 법은 성경에 기초한 상위법이 다른 법에 우선한다는 개념에서 발전했고, 미국 헌법도 성경적 원칙인 자유와 정의에 기초해 제정되었다.

예술과 문화

기독교 사상은 예술과 문화에도 반영되었다. 특히 서양의 음악, 미술, 문학작품은 기독교를 모르면 이해하기 어렵다. 미켈란젤로, 레오나르도 다빈치, 라파엘로, 렘브란트 등은 성경의 주제들을 그림, 조각, 건축으로 표현했다. 바흐, 베토벤, 헨델도 성경에서 영감을 받고 위대한 음악을 남겼다. 단테, 밀턴, 존 번연, 톨스토이, 도스토에프스키 등은 성경의 주제를 문학에 담았다.

교육

예수님의 가르침은 교육 영역에 있어서도 큰 영향을 끼쳤다. 교회는 모든 사람들이 예수님의 말씀을 읽을 수 있도록 문맹 퇴치에 주력했다. 중세에는 교회가 학교를 운영하고 대학을 설립했으며 큰 도서관을 만들었다. 종교개혁은 대중에게 배움의 길을 열어 주었고, 여성들도 글을 읽고 쓸 수 있게 했으며, 교육방법과 교과과정이 새롭게 정립되게 했다. 선교사들은 가는 곳마다 글자가 없는 수많은 종족들에게 글자를 만들어 주고 그들이 글을 읽고 쓸 수 있도록 교육하여 문맹퇴치에 큰 도움을 주었다. 오늘날도 많은 선교사들이 세계 곳곳에서 이런 일들을 계속하고 있다.

이 글은 Bill Bright, 『The Uniqueness of Jesus』, “Worldwide Influence”에서 발췌하여 요약한 것이다.

질문있어요

여

믿는다는 게 이런 건가?

들어가기 ▶▶▶

QR 코드의 영상을 보고 다음 질문에 대해 함께 나누어 보세요.

1. 왜 엄마는 아이를 즉시 떨어뜨리지 못하고 머뭇거렸을까요? 마침내 아래로 떨어뜨릴 수 있었던 이유는 무엇일까요?

2. 건물 밑에 있는 사람들은 어떤 마음으로 이불을 붙잡고 있었을까요?

생각해보기 ▶▶▶

1. 사람들은 "믿음"을 주로 종교에서 쓰는 말이라고 생각합니다. 그러나 의외로 우리는 일상 속에서 많은 것을 믿으며 살아갑니다. 그러한 예는 무엇이 있을까요?

2. 그리스도인의 믿음의 대상은 예수 그리스도입니다. 그러면 예수님을 믿는다는 것은 무슨 의미일까요?

예수님이 하신 일과 말씀

"내가 받은 가장 중요한 것을 여러분에게 전해 주었습니다. 그리스도께서 성경에 기록된 대로 우리 죄를 위해 죽으신 것과 장사 지낸 바 되었다가 성경에 기록된 대로 삼 일 만에 다시 살아나셨다는 것과" (고린도전서 15:3~4)

우리가 알아야 할 가장 중요한 사실은 예수님이 우리의 죄를 위해 죽으시고 구약성경에 예언한 대로 삼 일 만에 부활하신 것이라고 바울은 말합니다.

"예수님께서 대답하셨습니다. '내가 바로 그 길이요, 진리요, 생명이다. 나를 통하지 않고는 아버지께로 올 사람이 없다.'" (요한복음 14:6)

사람은 선행, 철학, 종교 등의 자기 힘으로는 하나님을 만날 수 없고 오직 예수님을 통해서만 하나님을 만날 수 있습니다.

"예수님께서는 이 말씀을 하시고 눈을 들어 하늘을 바라보시며 기도하셨습니다. '아버지, 때가 이르렀습니다. 아버지의 아들을 영광되게 해 주십시오. 아들이 아버지를 영화롭게 하겠습니다.'" (요한복음 17:1)

예수님은 하나님께 기도하면서 하나님을 '아버지'라고 부르셨고 자신을 '아들'이라고 칭하셨습니다.

"그러나 인자가 땅에서 죄를 용서할 권세를 가지고 있다는 것을 너희에게 보여 주기 위함이었다…" (마태복음 9:6)

"또한 아들이 곧 인자이기 때문에 아버지께서는 아들에게 심판할 수 있는 권한을 주셨다." (요한복음 5:27)

'인자'(a son of man)는 사람의 아들이라는 뜻인데, 구약성경에서는 일반 사람에게도 사용했지만, 세상을 다스리고 심판하실 메시아(그리스도)를 가리킬 때도 사용했습니다. 예수님은 하나님이 친히 사람이 되신 분이며 또한 메시아이시므로 스스로 자신을 '인자'라고 하셨습니다. '인자'이신 예수님은 사람들의 죄를 용서할 능력이 있으며, 세상을 다스리고 심판할 권세가 있다고 말씀하십니다.

3. 예수님을 믿으라고 할 때 주저하는 마음이 든다면 무엇 때문인가요?

4. 그리스도인의 삶은 사람들이 생각하는 것 이상으로 훨씬 더 매력적입니다. 예수님을 믿으면 당신의 삶에 어떤 일이 일어날까요?

요한복음 10:10 "... 나는 양들이 생명을 더욱 풍성히 얻게 하기 위해 왔다."

요한복음 14:27 "내가 너희에게 평안을 남긴다. 곧 나의 평안을 너희에게 준다. 내가 너희에게 주는 평안은 세상이 주는 것과 같지 않다. 너희는 마음에 근심하지도 말고, 두려워하지도 마라."

요한복음 14:14 "너희가 내 이름으로 무엇이든지 내게 구하면, 내가 다 이루어 주겠다."

요한일서 1:7 "... 하나님의 아들이신 예수 그리스도의 피가 우리의 모든 죄를 깨끗이 씻어 주실 것입니다."

조쉬 맥도웰(Josh McDowell) 이야기

알코올 중독자였던 나의 아버지는 가족들에게 씻을 수 없는 상처와 고통을 주었습니다. 술에 취하면 가족들에게 무자비한 폭력을 행사하며 심한 고통을 주었기 때문에 어머니는 나에게 어떤 일이 있더라도 자살하지 말라고 말할 정도였습니다. 고등학교 친구들은 술에 취해 비틀거리는 아버지를 보고 농담을 하며 놀리곤 했습니다. 그때 나도 같이 웃었지만, 내 마음은 울고 있었습니다. 때때로 친구들이 집에 오면 나는 술에 취해 정신없는 아버지를 헛간에 가두어두고 친구들에게 아버지는 중요한 모임에 가셨다고 말하곤 했습니다. 나는 몇 번이나 위스키 병에 독약을 타서 아버지를 죽이고 싶었습니다.

그러나 나는 그리스도인이 된 후 하나님의 사랑을 깨달았습니다. 하나님의 사랑은 아버지를 향한 나의 증오심을 사랑하는 마음으로 바꾸어 놓았습니다. 그때서야 나는 비로소 아버지께 "아버지, 사랑합니다."라고 말할 수 있었습니다. 나의 말을 듣고 아버지는 크게 놀라셨습니다.

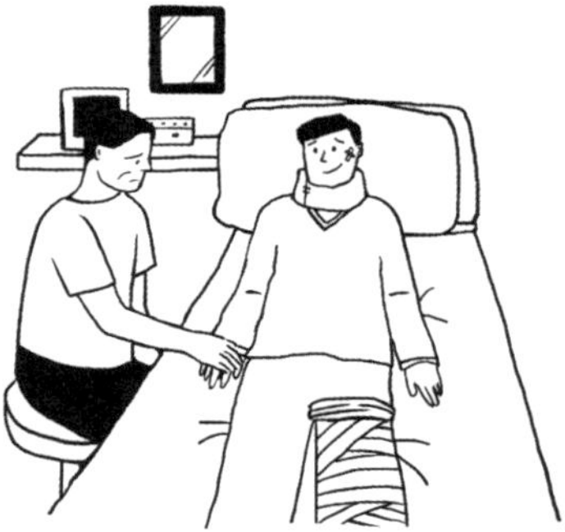

6개월 후 나는 심한 교통사고를 당했습니다. 병원에서 퇴원하여 집으로 돌아온 날, 늘 술에 취해 제정신이 아니었던 아버지가 그 날만은 술을 마시지 않은 상

태로 나를 찾아오셨습니다.

어색하게 방을 이리저리 돌아다니던 아버지는 "얘야, 어떻게 너는 나 같은 아버지를 사랑할 수 있니?"라고 불쑥 물으셨습니다. 나는 "아버지, 예수님을 만나기 전에는 그럴 수 없었어요. 이제는 예수님을 통해 아버지와 다른 사람들을 사랑할 수 있게 되었어요."라고 말했습니다. 내가 아버지께 예수님이 나를 변화시킨 것을 말씀드리자 아버지는 무릎을 꿇고 예수님을 영접하셨습니다.

그 후 아버지는 변화되셨고 술도 줄이셨습니다. 13개월 후 아버지는 돌아가셨지만 그동안 아버지의 변화된 삶을 보고 고향에 있는 수십 명의 이웃 사람들이 예수님을 영접했습니다.

나는 예수님이 인류 역사상 가장 위대한 혁명가라고 믿으며 내 인생에서 가장 위대한 일은 복음을 가능한 한 많은 사람들에게 나누는 것이라고 생각합니다. 과거에 나는 평안함을 얻기 위해 분주했지만, 지금은 내가 얻은 평안을 전하기 위해 분주합니다.

Josh McDowell, 『Evidence that Demands a Verdict』, pp 374-375에서 요약 발췌
(조쉬 맥도웰은 국제CCC 간사이며 기독교 변증가이다.)

끝내기 ▶▶▶

그리스도인으로 사는 것은 당신의 인생에서 일어날 수 있는 가장 매력적인 일입니다.
이런 매력적인 삶을 살기 위해서는 먼저 예수님을 믿어야 합니다.
그리스도인이 되어 풍성하고 의미 있는 인생을 사는 것은
당신의 선택에 달려있습니다. 어떤 선택을 하겠습니까?

네 가지 놀라운 선물

예수님은 인류를 위해 수많은 일을 하셨다. 그 중 가장 중요한 네 가지를 소개하려고 한다. 아래 내용은 예수님이 모든 사람에게 주신 네 가지 선물(4P)이다.

1. 죄를 용서하심(Pardon)

성경은 '모든 사람이 죄를 지어 하나님께 나아갈 수 없고 죽음에 이르게 되었다'고 말한다(로마서 3:23; 6:23). 여기서 죽음이란 죄로 인해 하나님과 영적으로 분리되는 것을 의미한다. 하나님과 분리된 인간은 하나님의 사랑과 계획을 알지 못한 채 삶의 목적을 잃고 방황하며, 늘 불안과 염려 속에 살게 되었다. 뿐만 아니라 옳은 일을 하고 싶어도 할 수 없는 무능한 존재가 되었다.

죄란 무엇인가? 죄는 도둑질, 거짓말, 혹은 부도덕한 행위만을 뜻하는 것이 아니라 근본적으로 자기 마음대로 살려고 하는 마음의 태도를 말한다. 즉, '내 인생은 내 것이므로 내가 하고 싶은 대로 하겠다'는 태도이다. 이는 사람이 하나님의 피조물이라는 사실을 인정하지 않고 하나님의 뜻을 무시하며 자신의 뜻대로 살아가겠다는 선언으로 결국 자신이 하나님이라고 주장하는 것과 같다.

하나님을 떠나 자기중심적으로 살아가는 인간은 마치 전원에 연결되지 못한 전등처럼 하나님과의 관계가 끊어져 죄악의 어둠 속에서 살아간다. 우리 사회의 수많은 범죄, 폭력, 부정부패, 가정문제, 환경문제 등을 생각해 볼 때 인간의 지나친 자기중심성은 하나님께 도전하는 큰 '죄'라는 것을 인정해야 한다.

그러나 인간이 자신의 죄를 인정하고 죄에서 벗어나려고 해도 인간 스스로는 죄 문제를 해결할 수 없다. 어떻게 죄를 해결할 수 있을까? 오직 하나님만이 인간의 죄를 해결하실 수 있다.

하나님은 우리의 죄를 어떻게 해결하셨는가?

죄의 대가는 죽음이다(로마서 6:23). 죄를 지은 자는 반드시 죽어야 한다. 구약시대에 이스라엘 백성들은 죄를 용서받기 위해 소, 양, 비둘기와 같은 동물을 대신 죽이는 속죄 제사를 드렸다. 그러나 이 제사는 완전하지 않았고 예수 그리스도가 인간의 죄를 대신해서 죽을 것에 대해 미리 보여주신 것이다. 속죄 제사는 하나님이 그의 아들 예수 그리스도를 십자가 위에서 죽게 하심으로 비로소 완전해졌다. 죄 없는 예수님이 친히 제물이 되셔서 모든 사람의 죄 값을 대신 지불하신 것이다. 모든 인류가 예수님을 통해 죄를 해결할 수 있다. 예수 그리스도의 십자가 외에는 인간의 죄를 해결할 수 있는 방법이 없다.

예수 그리스도는 십자가에서 우리를 위해 죽으셨지만 그것으로 끝이 아니었다. 그분은 삼 일 만에 다시 살아나셨다. 우리의 죄를 대신해서 죽으신 후에 죄와 죽음의 모든 권세를 이기고 다시 살아나신 것이다. 우리가 예수 그리스도를 믿고 영접하면 죄를 모두 용서 받고, 그분의 부활의 능력으로 죄를 이길 힘을 얻게 된다.

2. 인생의 목적을 알려주심(Purpose)

이 세상에 존재하는 것 중 목적 없이 존재하는 것은 하나도 없다. 꽃 사이를 날아다니는 꿀벌도 꿀을 모으며 꽃의 수정을 돕는다. 아무도 살지 않은 곳에 내리는 비도 지구 생태계를 유지하는 중요한 역할을 한다. 존재하는 모든 것에는 나름의 목적이 있듯이 각 사람에게도 고유하고 위대한 삶의 목적이 있다.

당신은 삶의 목적이 무엇인지 발견했는가? 당신 인생의 목적은 당신을 만든 분이 가장 잘 알고 있다. 성경은 '모든 만물이 예수 그리스도에 의해 창조되었다'고 말한다(골로새서 1:16). 당신은 예수 그리스도 안에서 삶의 참된 목적을 발견할 수 있다.

최초의 인간이었던 아담 이후로 인류는 피조물의 위치를 거부하고 자신의 인생에 대해 자율권을 주장했다. 그 결과 인간은 하나님과 관계가 끊어져 인생의 방향을 잃게 되었다. 길을 잃은 인간은 거친 바다 위에서 지도도 나침반도 없이 물결에 휩쓸려 떠다니는 배와 같다. 따라서 인간은 아무리 많이 배우고 많이 소유하고 많은 것을 성취했다 하더라도 불안과 공허를 떨쳐버릴 수 없다. 무엇으로도 채울 수 없는 인생의 공허

함에 대해 철학자 파스칼은 "모든 사람의 마음속에는 하나님이 만드신 하나의 공백이 있다. 이것은 어떤 피조물로도 채울 수 없고 오직 예수 그리스도를 통해 하나님에 의해서만 채울 수 있다."고 말했다.

당신은 인생의 진정한 의미와 만족을 찾기 원하는가? 그렇다면 예수 그리스도를 당신 마음속에 구주로 영접하라. 당신을 만드시고 당신의 모든 것을 알고 있는 그분이 당신 삶의 목적을 알려주실 것이다.

3. 평안을 주심(Peace)

현대인은 인간의 내면에 대해 깊은 관심을 갖는다. 많은 사람들이 재정, 인간관계, 가정문제 등으로 고통과 불안과 근심을 경험하며 마음의 평안을 찾고 있다.

평안의 왕이신 예수 그리스도는 당신에게 진정한 평안을 주실 수 있다. 예수님은 "내가 너희에게 평안을 남긴다. 곧 나의 평안을 너희에게 준다. 내가 너희에게 주는 평안은 세상이 주는 것과 같지 않다. 너희는 마음에 근심하지도 말고, 두려워하지도 마라."고 말씀하셨다(요한복음 14:27). 예수님을 따르는 사람은 이런 놀라운 평안을 경험하게 된다.

몇 년 전, 나는 워싱턴에서 열린 국제 기독교 지도자협의회에 연사로 초청받았다. 대학 때 친했던 친구가 해군 사령관이 되어 이 모임에 국방부 대표로 참석했다. 개인적으로 만나 이야기하는 중에 그는 최근에 자녀를 잃었다는 소식을 들려주었다. 그날 저녁 나는 그의 집에 가서 복음을 전했고, 그들 부부는 예수 그리스도를 구주로 영접했다. 그런 후 그들은 놀라운 평안과 위로를 경험했다.

다음 해에 다시 그 모임에 초청받아 워싱턴으로 갔다. 그 친구도 국방부를 대표하여 참석했다. 그는 지난 만남 이후 다른 자녀마저 신경조직에 암이 생겨 세상을 떠났다고 말했다. 나는 그가 한 말을 잊을 수가 없다. "어떻게 된 것인지 잘 알지는 못하겠네. 그 아이를 무척 사랑했고 죽음의 이별이 너무 고통스러웠지만, 그 아이가 투병하는 동안과 세상을 떠난 후에 예수 그리스도의 존재가 더욱 절실해졌다네. 이해할 수는 없지만 모든 고통을 뛰어 넘는 평안이 주어졌다네." 그의 얼굴에는 모든 것을 하나님께 맡기고 받아들인다는 평안한 미소가 있었다.

4. 능력을 주심(Power)

사람들은 흔히 "그리스도인이 되고 싶지만 지금까지 저지른 잘못, 미움과 원한, 부도덕함, 거친 말투 등 여러 가지 죄를 지었을 뿐 아니라 앞으로도 죄를 지을 것 같아서 나는 도저히 그리스도인이 될 수 없을 것 같습니다."라고 말한다. 이렇게 말하는 이유는 그리스도인의 삶의 초자연적 특성을 알지 못하기 때문이다.

그리스도인의 삶이란 자신의 힘으로 살아가는 것이 아니라 예수 그리스도께 내 삶을 맡기고 그분과 함께 살아가는 것이다. 우리의 힘으로는 불가능하지만, 예수 그리스도께서 우리 안에 들어오셔서 함께하실 때, 그리스도인의 삶을 살 수 있는 능력을 공급받게 된다.

예수님은 '사람이 거듭나지 않으면 하나님 나라를 볼 수 없다'고 말씀하셨다(요한복음 3:3). 우리는 예수 그리스도를 마음속에 영접할 때 새로운 생명으로 거듭나게 된다. 바울은 "누구든지 그리스도 안에 있으면, 그는 새로운 피조물입니다. 옛 것은 지나갔습니다. 보십시오, 새 것이 되었습니다"(고린도후서 5:17, 새번역)라고 말했다.

먼지 속을 기어 다니는 애벌레를 상상해 보자. 만약 애벌레에게 "너는 왜 나비같이 날지 못하고 먼지 속을 기어다니니?"라고 묻는다면, 그 애벌레는 "나에게 날개가 없어서 그래요."라고 대답할 것이다. 우리는 애벌레에게 "수술을 해서 네 몸에 날개를 다는 것은 어때? 아니면 나는 법을 배워 보면 어떻겠니?"라고 제안할 수 있다. 그러나 스스로 돋아난 날개가 없는 한 그 모든 것은 쓸모없는 노력일 뿐이다.

우리가 우리 자신의 힘과 노력으로 신앙생활을 하려고 하는 것은 애벌레에게 수술로 날개를 달아주거나 나는 법을 가르치는 것과 같다. 아무리 노력해도 애벌레는 날 수 없다. 그러나 애벌레가 고치를 짓고, 얼마 후 고치 속에서 나오면 아름다운 나비가 되어 나올 것이다. 고치 속에서 무슨 일이 일어났는지 알 수 없지만, 우리는 애벌레가 나비가 되어 하늘을 나는 것을 볼 수 있다.

그리스도인이 되는 것도 이와 같다. 예수 그리스도를 마음속에 영접할 때 새로운 생명으로 거듭나게 된다. 예수 그리스도를 통하여 우리는 한 번도 경험해보지 못한 새로운 차원의 삶을 살 수 있게 된다.

이 글은 빌 브라이트, 『백문일답』, "예수 그리스도는 누구신가?"에서 발췌하여 정리한 것이다.

질문있어요

04

무엇을 따라 가야 하지?

들어가기 ▶▶▶

1. LIFE 미로 찾기(제한시간 30초)

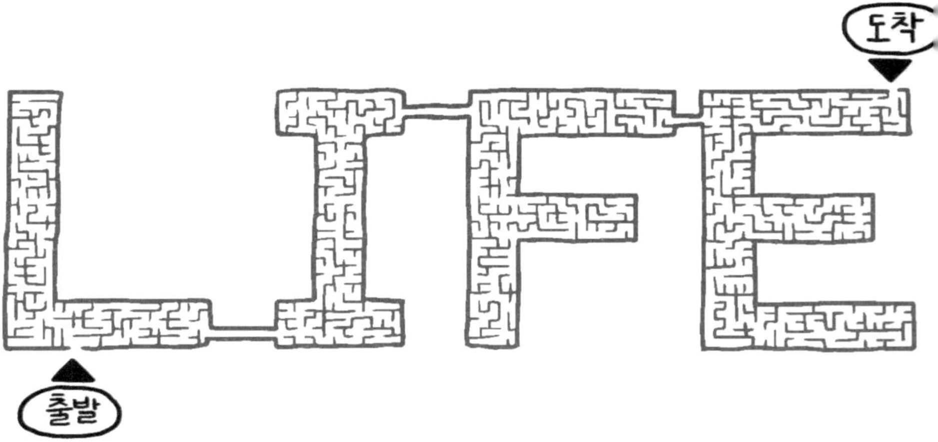

2. 지금까지 살며 당신이 경험했던 인생의 갈림길은 어떤 것이 있었나요?

3. 당신이 갈림길에서 고민할 때 최선의 길을 제시해준 책이 있었나요? 어떤 도움을 주었나요?

생각해보기 ▶▶▶

1. 성경은 세계에서 가장 많이 출판되어 수천 년에 걸쳐 전 세계 많은 사람들에게 삶의 방향을 제시해준 책입니다. 당신은 성경을 어떻게 생각하나요?

① 유대교 또는 기독교 경전　② 이스라엘 역사책　③ 신화
④ 하나님의 말씀　⑤ 기타

성경에 대한 평가는 다양하지만, 확실한 것은 성경은 오랜 시간에 걸쳐 수많은 사람들에게 인생의 방향을 제시하는 내비게이션이 되었다는 것입니다. 성경이 어떻게 이토록 많은 사람들에게 영향을 주는 책이 되었을까요?

2. 베드로후서 1:20~21에서는 성경이 다른 책과 구별되는 본질적인 차이점은 무엇이라고 하나요?

"그러므로 분명히 이 사실을 기억하십시오. 어떠한 예언의 말씀도 예언자가 마음대로 해석해서 기록한 것이 아니며, 사람의 뜻대로 말하고 싶은 것을 적어 놓은 것도 아닙니다. 그들은 성령의 감동을 받아 하나님의 말씀을 적어 놓았습니다." (베드로후서 1:20~21)

- **예언**은 장래 일을 미리 말하는 것이나 하나님이 하신 말씀을 의미하는 것으로, 이 구절에서는 성경의 모든 가르침을 말한다.
- **감동**은 성경의 저자들이 하나님의 말씀을 오류 없이 기록하도록 하나님께서 도우신 것을 말한다.

위인들이 말하는 성경

"성경은 하나님이 인간에게 주신 최고의 선물임을 나는 믿는다. 이 세상의 구주이신 예수님이 주신 모든 좋은 것이 이 책에 기록되어 있다." - 아브라함 링컨

"성경은 인류에게 가장 큰 유익을 주는 가장 위대한 책이다. 이 책을 낮게 평가하려는 어떤 시도도 인류에 대한 죄악이다."

- 임마누엘 칸트

"성경은 어떤 일반 역사 기록보다 더 확실한 역사적 신빙성을 갖는다."

- 아이작 뉴턴

"내가 역경과 고난을 당할 때마다 성경은 항상 내게 빛과 힘이 되었다."

- 로버트 리(미국 남북전쟁 당시 남부군 총사령관)

3. 성경은 다른 책들과 달리 수천 년 동안 심한 박해와 공격을 받았습니다. 성경을 금서로 지정하고 불태워 성경을 없애려는 시도가 끊임없이 있었습니다. 그럼에도 지금까지 많은 사람들의 사랑을 받으며 읽혀지고 있는 이유는 무엇일까요?

4. 디모데후서 3:16에서는 성경이 사람들에게 어떤 유익을 준다고 말하나요?

"모든 성경 말씀은 하나님께서 감동을 주셔서 기록되었기 때문에 진리를 가르쳐 주며, 삶 가운데 무엇이 잘못되었는지 알게 해 줍니다. 또한 그 잘못을 바르게 잡아 주고 의롭게 사는 법을 가르쳐 줍니다." (디모데후서 3:16)

5. 많은 사람들이 하나님의 말씀인 성경을 통해 삶의 목적을 발견했을 뿐만 아니라 그 목적을 이룰 수 있는 방법을 발견했습니다. 당신은 성경에서 무엇을 찾고 싶습니까?

"나는 믿음을 달라고 기도했고, 그 믿음이 하늘로부터 번개같이 뚝 떨어질 것이라고 기대했다. 그러나 믿음은 오는 것 같지 않았다. 어느 날 나는 로마서 10장을 읽었다. '따라서 믿음은 말씀을 듣는 것에서 얻게 되고, 말씀 듣는 것은 그리스도의 말씀을 통해서 얻게 됩니다'(로마서 10:17). 나는 성경을 덮어놓은 채 믿음을 달라고 기도했는데, 성경을 공부하기 시작하자 비로소 믿음이 자라기 시작했다."

-무디 (D. L. Moody)

끝내기 ▶▶▶

성경은 당신이 하나님을 만나 교제하도록 도와주며
인생의 어려움에 대한 해결책을 줄 것입니다.
성경을 이해하고 하나님을 알아가기 위해서는
예수님을 영접해야 합니다. 지금 예수님을 영접하시겠습니까?

성경은 하나님의 말씀인가?

성경은 하나님의 말씀인가? 성경은 역사적으로 믿을 만한가? 성경에는 오류와 모순이 없는가? 이런 질문들은 계시, 영감, 조명, 정경에 대한 개념을 이해하면 해결된다. 이 네 가지 개념을 살펴보자.

1. 계시(Revelation)

'계시'라는 단어의 뜻은 감추어진 것을 열어 보여주는 것이다. 사람은 스스로 하나님이 어떤 분이신지 알 수 없고 하나님께서 자신이 어떤 분인지 알려주실 때만 알 수 있다. 따라서 하나님은 계시를 통해 하나님 자신과 그분의 진리를 친히 나타내 보여주신다. 영적인 일과 미래에 관한 일은 하나님께서 보여주시지 않으면 인간의 철학적 사색이나 과학적 탐구로는 도저히 알 수 없다. 계시에는 일반계시(자연계시)와 특별계시가 있다.

1) 일반계시

일반계시는 하나님께서 모든 사람이 알 수 있는 일반적인 방법 즉, 자연 만물과 양심을 통해 하나님을 알리시는 것이다.

(1) 자연 만물: 모든 물건들에는 만든 사람의 특성과 능력이 나타난다. 이처럼 하

나님이 만드신 자연 만물에도 하나님의 능력과 그분의 성품이 나타난다. 그러므로 어느 누구도 하나님의 능력과 성품에 대해 전혀 모른다고 핑계할 수 없다(로마서 1:20).

(2) 양심: 모든 사람에게는 인간으로서 기본적으로 해야 할 일과 해서는 안 되는 일을 구분하게 하는 양심이 있다. 즉, 하나님이 주신 율법을 모르는 사람도 율법이 말하는 윤리적인 내용을 실행해야 함을 양심을 통해 알고 있다(로마서 2:14~15). 그러므로 하나님이 인간의 마음속에 심어 놓으신 양심을 통해서 하나님의 뜻을 알 수 있다

자연 만물이나 인간의 양심과 같은 일반계시는 하나님의 공의, 지혜, 능력, 사랑에 대해 부분적으로 전달하지만, 인간의 구원의 길을 알려주지는 않는다. 인간을 향한 하나님의 특별한 사랑, 구원의 은총과 자비는 일반계시로는 알 수 없고 특별계시를 통해서만 알 수 있다.

2) 특별계시

특별계시는 하나님과 인간의 구원에 관한 진리를 특별한 방법으로 알려주시는 것이다. 특별한 방법으로는 꿈과 환상(창세기 41:25; 사도행전 16:9), 섭리(창세기 24장), 천사(누가복음 1:11~20), 이적(사도행전 3:1~10), 예언자(예레미야 1:4~9), 예수님(요한복

음 1:14), 성경(디모데후서 3:16) 등이 있다.

2. 영감(Inspiration)

'영감'은 하나님께서 숨을 불어넣으신다는 뜻으로, 하나님의 일을 위해 선택한 사람에게 초자연적인 능력을 부여하시는 것을 말한다. 성경에 관련하여 영감이란 하나님의 말씀을 기록하는 사람이 오류와 누락이 없이 정확하게 기록하도록 하나님께서 보호하시는 것을 말한다.

1) 계시와 영감의 차이

계시는 하나님의 진리를 전달하는 것에 강조를 두지만, 영감은 하나님의 말씀을 기록하는 것과 관련이 있다. 신약성경이 완성되면서 영감은 끝났고, 지금은 영감된 말씀을 잘 깨달을 수 있도록 조명이 필요하다.

2) 영감의 증거

(1) 영감의 외적 증거

① 성경은 1,600년간 40여명의 저자들이 기록했다. 저자는 왕, 제사장, 농부, 의사,

어부 등 다양하며 그들이 살았던 시대나 삶의 배경도 전혀 달랐다. 성경은 아시아, 아프리카, 유럽 세 대륙에서 기록되었으며 장르도 역사, 법, 시, 편지, 계시 등으로 매우 다양하다. 이런 다양성에도 불구하고 성경은 전체 내용을 하나로 묶는 통일성이 있다.

② 성경은 가장 많은 언어로 번역된 책이다. 전 세계의 언어는 7,097개이며, 신구약성경이 번역된 언어는 674개, 신약성경만 번역된 언어는 1,515개이다(2017년 12월 기준, 세계 성서공회연합회).

③ 성경은 개인과 사회를 변화시킨 책이다. 칼빈의 성경번역이 프랑스어를 정립시켰고, 루터의 성경번역이 독일어를 정립시켰으며, 영어 흠정번역이 영어를 정립시켰다. 빅토르 위고는 "영국은 두 책을 가진 국가이다. 즉 셰익스피어 전집과 성경을 가졌다. 셰익스피어 전집은 영국인이 썼고 성경은 영국을 만든 책이다." 이런 역사적 사실들은 성경이 살아있는 하나님의 말씀임을 보여준다.

④ 성경은 과학 교과서가 아니지만 과학적인 정보를 많이 담고 있다. 최근에 알려진 과학적 지식들이 성경에는 3천년 이전에 이미 기록되었다. 성경에는 별들의 운행(욥기 38:31~32), 공기의 무게(욥기 28:25), 물의 기화와 액화(욥기 36:27~29), 바람의 순환(전도서 1:6~7), 태양과 태양계의 궤도 운행(시편 19:4~6), 창조와 우주의 소멸(시편 102:25~26), 혈액의 중요성(레위기 17:11, 14), 전염병 예방을 위한 격리(레위기 13:45,46), 보건위생(신명기 14:21, 23:12~14) 등

이 있다.

⑤ 성경은 역사적인 책이다. 고고학자 넬슨 글루엑(Nelson Glueck)은 "지금까지의 고고학적 발견으로는 역사적 사실과 성경의 진술 사이에 모순을 발견하지 못했다"고 말했다. 오히려 고고학에 의해 성경에 기록된 역사가 사실로 확인된 사례들이 있다. 예를 들면, 여리고 성의 파괴, 대홍수, 히타이트 족의 존재, 벨사살 왕의 존재 등이다. 이러한 고고학적 발굴은 성경의 신빙성을 높여주고 있다.

(2) 영감의 내적 증거

성경은 66권 전체에서 3천 번 이상 스스로 하나님의 말씀이라고 주장하고 있다. 바울은 '모든 성경 말씀이 하나님의 영감으로 기록되었다'(디모데후서 3:16)고 말하며, 베드로도 '성경 말씀은 저자가 자신이 말하고 싶은 것을 적어 놓은 것이 아니라 성령의 감동을 받아 하나님의 말씀을 적어 놓은 것'(베드로후서 1:20~21)이라고 말한다. 하나님은 성경 말씀을 기록할 때 불완전한 인간인 성경 저자들이 오류에 빠지지 않도록 영감을 주어 보호하셨다.

3. 조명(Illumination)

조명이란 성도들이 성경에 계시된 하나님의 뜻을 잘 이해할 수 있도록 성령께서 도우시는 것이다. 누가복음 24:45은 "이에 저희 마음을 열어 성경을 깨닫게 하시고"라고 하여 예수님께서 제자들이 성경 말씀을 깨달을 수 있도록 조명해 주셨다고 말한다. 바울도 "하나님께서 우리에게 은혜로 주신 것들을 알기 위해 우리는 세상의 영이 아니라 하나님께로부터 오는 성령을 받았습니다."(고린도전서 2:12)라고 말하여 성령께서 성도들에게 하나님의 말씀을 알게 해주시는 것을 강조하고 있다.

4. 정경(Canon)

'정경'은 영어로 캐논(Canon)인데, 캐논은 '갈대', '측량 막대기', '자'를 의미한다. 기독교에서는 교회 회의에서 권위 있게 결정한 신앙과 행위의 표준으로서의 성경을 가리킨다.

그런데 많은 문서들 가운데 무엇을 기준으로 66권만을 정경으로 결정하고 다른 것은 제외시켰는가?

하나님은 인간의 영원한 운명을 결정하는 복음의 진리를 바르게 기록하기 위해 저자들을 감동시키실 뿐 아니라 영감으로 기록된 책들만 세대를 이어 전달되도록 특별히 개입하셨다.

초대 교회는 그들이 성경을 보급하고 전달한다는 의식 없이 어린 아기가 젖을 사모하듯 복음서와 사도들(예수님의 열두 제자)의 서신을 돌려가며 읽고 먼 곳에 있는 형제들에게 보내어 읽게 했다. 그러면서 성도들의 공동체 속에서 돌려보던 문서들이 성경이 되었다. 사도들이 순교한 후에 교회들은 예수님의 사도들에게서 가르침도 받을 수 없고 편지도 받을 수 없게 되었다. 그래서 사도들이 직접 썼거나 사도들에게서 직접 듣고 쓴 글들을 아주 소중히 여기게 되었다. 즉, 예수님과 사도들의 권위가 정경 편집의 기준이 된 것이다.

구약성경 39권은 B.C. 5세기에 에스라와 장로들로 구성된 공회에서 정경으로 결정되었고, 신약성경 27권은 397년의 제3차 카르타고 회의에서 정경으로 인정되었다. 그러나 성경 66권을 정경으로 인정한 것은 이미 교회들이 하나님의 말씀으로 인정하고 사용하던 것을 재확인하고 공식 승인한 것이다.

교회가 정경을 형성한 것이 아니라 정경이 교회를 형성한 것이다. 로마제국 안에서 바울의 편지를 읽는 곳마다 교회가 세워졌다. 성경은 교회가 정경으로 승인했기 때문이 아니라 하나님의 영감으로 기록하여 교회를 형성하는 기준이 되었기 때문에 정경인 것이다.

이 글은 김준곤, 『우리는 무엇을 믿는가』, "성경은 하나님의 말씀인가?"를 발췌하여 정리한 것이다.

CCC 새친구교재 _ 질문있어요

2019년 4월 30일 초판 발행
2024년 10월 4일 4쇄 발행

지은이 CCC MRD(미래사역부)
디자인 김성령
표지 박금비 삽화 박서영, 박금비
발행처 순출판사 등록 제 2020-000159호

주소 서울시 종로구 백석동1가길 2-8
전화 02-722-6931~2
홈페이지 www.soonbook.co.kr

ISBN 978-89-389-0349-5

값 2,500원